Neptuno

El Gigante de Hielo

Irma Bernabe

NEPTUNO

El Gigante de Hielo

Irma Bernabe

ola
PUBLISHING
INTERNACIONAL

Hola Publishing Internacional
Eugenio Sue 79, int. 4, 11550
Ciudad de México

Primera edición, Octubre 2022
Impreso en los Estados Unidos de América
ISBN: 978-1-63765-323-4

Hola Publishing Internacional es una empresa de autopublicación que publica ficción y no ficción para adultos, literatura infantil, autoayuda, espiritual y libros religiosos. Continuamente nos esmeramos para ayudar a que los autores alcancen sus metas de publicación y proveer muchos servicios distintos que los ayuden a lograrlo. No publicamos libros que sean considerados política, religiosa o socialmente irrespetuosos, o libros que sean sexualmente provocativos, incluyendo erótica. Hola se reserva el derecho de rechazar la publicación de cualquier manuscrito si se considera que no se alinea con nuestros principios. ¿Tiene una idea para un libro que quisiera que consideremos para publicación? Por favor visite www.holapublishing.com para más información.

Mi primer libro, uno de los muchos que espero en Dios se hagan realidad, se lo dedico muy en especial a Nanas, quien me inspiró para poder escribirlo, y a mi perra Thalía y a mi gata Preciosa, quienes fueron mis primeras hijas; con ellas supe por primera vez lo que era el dolor de perder a esos seres tan especiales que Dios pone en nuestras vidas.

Aquí comienza más que un cuento, más que un texto de entretención, comienzan las vidas de varios personajes que fueron testigos de la historia de un ser excepcional, un ser con alma, con espíritu, con gran personalidad y con una divinidad animal.

A todos los que amamos a los animales los respetamos, porque son ánimas que vienen a darnos lecciones de vida, y cuando se van nos desgarran el corazón y dejan un gran vacío en él, pues les damos un lugar muy especial en nuestro corazón y en nuestra familia.

Neptuno llegó al rancho la Esperanza. Estaba muy lejos de la ciudad, donde casi se podía tocar la Luna y el inmenso cielo lleno de estrellas. Estaba pegado a las montañas, con diferentes clases de árboles, entre ellos: pinos, eucaliptos y encinos. Habitaban varios animales salvajes, como osos, leones de montaña, venados, gatos salvajes, coyotes, ardillas, una gran variedad de aves y uno que otro conejo silvestre que buscaba alfalfa del comedero de Neptuno. Por las noches se oían los búhos y los grillos, que cantaban melodías que arrullaban a los habitantes de aquel lugar. Muy a lo lejos se podían ver las luces y los edificios de la ciudad.

Conforme iba pasando el tiempo, Neptuno perdía su mirada entre las lejanas luces, tal vez pensando dónde se encontraba Lucy en esa enorme ciudad. El rancho tenía animales, como gallinas, gallos, que cantaban en la madrugada cuando el Sol aún no despuntaba su resplandor, una preciosa gata gris con patas blancas y una perra mixta, entre pitbull y pastor alemán, con bellos ojos color miel llamada Thalía, que siempre le gustaba corretear a los conejos en el corral de Neptuno.

Lucy no pudo ver a Neptuno en ninguna de sus carreras, en las que llegó a ser campeón varias veces, ni Neptuno pudo ver a Lucy en ninguno de sus famosos conciertos, pero lo hacían siempre pensando el uno en el otro.

Siempre, antes de salir a la arena, como él lo siempre lo hacía, dejaba todo en la pista, y Lucy tocaba su flamante violín en cada escenario. Ambos lo hacían con el corazón y la esperanza de volverse encontrar algún día y no separarse jamás.

Lucy llevaba consigo una medalla que le llegaba hasta la altura del corazón, que tenía una moneda de oro con un caballo grabado por la parte de enfrente y por la parte de atrás una nota que decía: "Nunca se rompe una promesa". Esta medalla había pertenecido a su abuela, doña Regina Lomelí, y Lucy siempre la besaba antes de salir en cada uno de sus conciertos, pensando en Neptuno. Los recuerdos iban y venían de los más bellos momentos que pasaron juntos, y siempre repetía en voz baja la promesa que le hizo a su abuela y a Neptuno: un día lo buscaría para recuperarlo. La medalla se la había mandado a hacer don Salvador Mendoza a doña Regina; este fue el regalo que le daría la última Navidad.

Don Salvador era un hombre de campo dedicado a su familia. Usaba huaraches de correa, pantalones medio acampanados y una chamarra azul marina, la cual resaltaba sus ojos verdes. Su pelo era canoso y tenía unas patillas y unas entradas muy perfectas que resaltaban su gran personalidad. Usaba un sombrero que nunca dejaba; aunque tenía varios para escoger, siempre salía con el mismo. Doña Regina siempre peleaba por el dichoso sombrero viejo, que a todos lados quería cargar. Era un hombre de bien, muy religioso y de muy buenas costumbres y valores. Diario, en las noches, tomaba un trago de ponche de granada después de llegar muy fatigado del duro trabajo del campo. Decía que era para el cansancio y volvía a salir de la casa para jugar con Ana, la madre de Lucy. Ésta le decía que cuándo le iban a comprar un caballo que fuese de ella, ya que los dos caballos que tenían eran para arar la tierra. Los pobres caballos salían tan cansados que ni cómo darles a ellos también un ponchecito para el cansancio.

En el pueblo, la gente rumoraba que tenían dinero, pero vivían en situaciones muy precarias. No tenían lujos; las colchas eran hechas por la mismísima doña Regina de puros trozos de telas viejas, cortadas en cuadritos de diferentes colores. No comían fuera de casa, excepto por los churros que compraban después de misa del domingo, y sólo compraba lo más necesario de la tienda de doña Juanita: arroz, harina, azúcar y que no faltara el café y la canela. Todo lo demás lo producían ellos en su tierra, y, con las tres vacas que tenían, siempre había leche fresca todas las mañanas y las tardes.

Doña Regina hacía queso, requesón y con las natas horneaba unos exquisitos panecitos en latas de atún que guardaba cada año en el tiempo de la cuaresma. También tenía gallinas que ponían suficientes huevos para el desayuno. Todas sus gallinas tenían su propio nombre y las llamaba a cada una para comer; las conocía tan bien. Aunque varias de ellas eran idénticas, nunca se confundía. Las regañaba en el invierno porque no ponían más que dos o tres huevos por semana. Estos salían con la yema de oro, cinco veces más intenso que su color natural, y muy espesas; era entonces cuando doña Regina aprovechaba para hornear sus ricos panecitos de natas en un horno enorme hecho de ladrillos, con el cual Ana jugaba y decía que era su casita en tiempos de lluvia. Las yemas de invierno eran su ingrediente secreto para que los panecitos siempre salieran con la mejor consistencia y sabor. Había un enorme árbol de aguacate al entrar a la casa y un granado enseguida del lavadero de piedra, que en tiempo de invierno don Salvador aprovechaba para hacer su famoso ponchecito para todo el año; le picaba guayabas, nuez y un chile verde.

En el jardín sembraban elotes, ejotes, frijoles, cebollas, jitomates, chiles, zanahorias, cala-bazas, papas, cilantro y pepinos. Cada año, en temporada de lluvias, salían las verdolagas silvestres, que era lo que más le encantaba a doña Regina. Ella cocinaba como los mismos arcángeles que cantan en el cielo, desde fri-jolitos refritos, chiles rellenos, albóndigas, enchiladas verdes y mole dulce hasta sus favoritas: verdolagas en costillita de puerco, así como ensalada de nopales. Y cómo olvidar sus deliciosos postres: arroz con leche, camote enmielado, ciruelas en almíbar, tamalitos con pasas y lo que le encantaba al cura del pueblo: la capirotada con queso y pasas y el rompope sabor vainilla, el cual también ofrecía a sus amigas de la iglesia a donde iba.

La noche de Navidad, don Salvador le dio de regalo a doña Regina la medalla de oro y le hizo prometer que, si algo le pasaba, se irían a los Estados Unidos. Llegando le compraría un caballo a Ana, a lo que ésta asintió con la cabeza. Las cosas no andaban nada bien en esa época: el gobierno perseguía a los cristeros, como ellos los llamaban, y don Salvador ya era uno de ellos por organizar juntas, hacer reuniones y proveerles armas junto con el padre del pueblo. Todo lo hacían para defender su fe y su libertad religiosa, todos estaban en contra de la famosa ley Calles. Los federales y agraristas andaban detrás de todos ellos para fusilarlos.

Una madrugada llegaron primero por el sacerdote del pueblo. No contaba más que con tan sólo veintisiete años. Lo fusilaron y lo llevaron a la presidencia para que fuera ejemplo de los que se revelaran, pero con don Salvador fue diferente y pasó lo que tanto temía doña Regina. Llegaron los agraristas por él, lo sacaron en puro calzón de manta, sin huaraches, lo golpearon y lo torturaron para que hablara, pero con su silencio sólo empeoró la situación. Con coraje y abuso de poder, lo colgaron en el árbol de aguacate a la entrada de su casa. Doña Regina ya estaba preparada para tan atroz circunstancia; llevaba noches remendando su vestido color café y su mandil de manta, que más que delantal parecía una falda encima del vestido. Todas las bastillas las llenaron de puras pepitas de oro, así que esa fatídica noche bajaron a don Salvador del árbol. Doña Regina lo vistió, le puso su sombrero viejo, el que más le gustaba, lo envolvió en un zarape y lo enterró debajo del aguacate.

Ya caía la madrugada cuando doña Regina tomó a Ana. La vistió con su vestido verde limón y partieron lejos, ante la promesa que le había hecho a don Salvador de buscar un mejor futuro para la única hija que tenían.

Doña Regina y Ana viajaron a la ciudad, saliendo del pueblo con dolor y resignación, dejando a don Salvador y a la casona vieja que había sido su entrañable hogar.

Ya estaba cayendo la tarde cuando llegaron a California. Fueron con el padre Emilio, quien seguido les visitaba en el pueblo. Era muy amigo de la familia. Doña Regina se había traído la dirección de las cartas y las postales que le mandaba muy a menudo. Ella le contó todo lo sucedido con don Salvador, explicándole que no hubo tiempo de avisarle por tan trágicas circunstancias. Él las ayudó y las instaló con mucho gusto en casa de su hermana Martha. Mientras buscaba un lugar para las dos, aconsejó a doña Regina y se puso a buscar una buena escuela para Ana. El dinero no era ningún problema, así que compró un pequeño rancho que nombró: Rancho Las Camelias. Poco a poco, éste se convertiría en un hermoso rancho lleno de camelias de colores rosa y blanco.

Una vecina le llevó a Chester, un pequeño perro chihuahua color negro, y el padre Emilio llegó con dos gatos, uno color gris, como la noche, llamado Simón, y el otro era Whisky, de color blanco como el algodón; tenía un ojo verde esmeralda y otro azul, como el cielo. Tampoco tardaría en llegar Luna, la promesa que le debía don Salvador a Ana, y que le encargó mucho a doña Regina. Pocos días antes del cumpleaños número siete de Ana,

Luna llegó a Las Camelias. Era una yegua árabe color blanca, como las nubes; tenía unos ojos enormes color negro y delineados como el carbón, tal como si se los hubieran delineado a propósito. Luna llegó a llenar el vacío de Ana por el cambio de país, de idioma, pero, sobre todo, por la gran pérdida de su padre.

La escuela era muy difícil, al principio no fue fácil, pero poco a poco, y con la ayuda del padre Emilio y de Martha, ambas se fueron adaptando al pequeño pueblo y a la iglesia del padre Emilio.

Ana y Luna pasaban mucho tiempo juntas. A Ana le encantaba dibujar a Luna, y no hacía nada más que hablar de ella en la escuela. Un día la maestra le mandó llamar a doña Regina para comentarle que todas las tareas de Ana hablaban sólo de Luna. Le pidió que le explicara a Ana que no todo su mundo era Luna, que podría hacer las tareas de diferentes temas, pero fue imposible. Ana seguía terca, escribiendo los cuentos de Luna como si fueran el diario de ambas, hasta que por fin la maestra se dio por vencida al leer las composiciones diarias de Ana y Luna.

Doña Regina nunca se volvió a casar; se dedicó a criar a su única hija. La mandó a las mejores escuelas con la ayuda del padre Emilio, y, en menos de un año, Ana hablaba perfectamente su segundo idioma.

El tiempo pasó como relámpago; Ana estaba por cumplir sus quince años. Se había convertido en toda una bella señorita de tez blanca, pelo negro, como el terciopelo, y tenía ojos grandes color café claro, como su madre. Así que planearon salir a celebrar esa tarde con el padre Emilio, Martha, su novio, Luis, y Blanca, la única amiga de Ana. Esa noche llegaron muy tarde a casa entre tanta plática, pero se encontraron con una desagradable sorpresa: un coyote había atacado a Chester y éste agonizaba por las tremendas mordidas que le había hecho en el cuello. Ana corrió y lo tomó entre sus brazos. Minutos después, Chester murió, como si nomás las estuviera esperando para despedirse de ellas. Las dos lloraron muy tristemente y con lágrimas en sus ojos cavaron un agujero en el jardín para enterrarlo. Doña Regina lo envolvió en un chal que traía puesto esa noche, tenía un estampado de un pavorreal lleno de bellos coloridos. Lo enterraron con sus juguetes favoritos, entre ellos una pantufla que era de Ana cuando era niña, y llenaron su cuerpecito de camelias blancas.

Otro día por la mañana llegó Martha y soltó tremendos gritos, que despertaron a Ana y a doña Regina. Bajaron enseguida y resulta ser que los coyotes habían olido el cadáver de Chester y lo habían desenterrado, comiéndole ambas piernas. Doña Regina le dijo a Martha que por favor se llevara a Ana mientras llegaba Luis para que lo volvieran a enterrar. Luis lo puso en una caja llena de cal y en un agujero mucho más profundo, donde los coyotes no pudieran volver a sacarlo. Ese fue el trágico final del pobre de Chester.

Tres años más tarde, llegó el día en que se separaría Ana de su madre; tenía una beca para irse a estudiar a una de las mejores universidades. Estudiaría para veterinaria, ya que desde muy niña había crecido con animales. Doña Regina contaba una de sus anécdotas favoritas; decía que, cuando Ana era muy niña, su gallina Vilma fue su primer paciente y se le murió por parto de huevo. A Ana no le gustaba que contara esa historia, así que eso la motivó para un día llegar a ser una de las mejores veterinarias.

En la universidad conoció a Peter, el padre de Lucy, un hombre de raza blanca, alto, delgado y de muy buena familia. Él estudiaba psicología. Todavía no terminaban la carrera cuando empezaron a reclutar jóvenes. Peter y su hermano fueron obligados a ir a defender su país, pero antes de irse decidió casarse con Ana; le propuso matrimonio el día de su cumpleaños, dándole de regalo el anillo de compromiso que fuera de su madre, un anillo en forma de Sol con incrustaciones de diamantes.

Doña Regina les preparó un pequeño banquete con sus amistades y con la familia de Peter; decoró Las Camelias con papel picado color blanco con palomas, corazones y unos que decían: "Ana y Peter". Había muchísimas flores, entre ellas dalias, rosas, claveles y hortensias, todas de color blanco y ramas de eucalipto. Todo fue al aire libre en Las Camelias. Doña Regina se pasó toda la noche cocinando adobo de puerco, frijoles refritos, arroz blanco con verduras, ensaladas y, no podía faltar, el rico rompope que ella preparaba. Había café de olla con mucha canela y diferentes tipos de postres con azúcar, frutas y licor. Fue una ceremonia muy íntima, pero de muy buen gusto para los invitados. El padre Emilio los casó con lágrimas en los ojos, ya que él había sido un segundo padre para Ana y los recuerdos le llegaban de cuando Ana era tan sólo una niña platicona, llena de ideas, y cuando recién llegó asustada a este país. Ahora la veía como toda una mujer vestida de blanco en el altar.

Llegó el día en que Peter se despediría de la mujer de su vida, prometiéndose que cuando la guerra terminara nunca más se separarían y que tendrían cinco hijos y muchos animales, sin pensar en el destino cruel que les esperaba.

Ana le escribía todos los viernes a Peter, le contaba las buenas y las malas noticias, pero al cabo de nueve meses que las cartas iban y venían, una de ellas llevaba la noticia de que Peter era padre de una hermosa niña muy parecida a él. Doña Regina estaba culeca y le había llamado Lucy. Peter se enamoró de su hija al ver lo preciosa que era, pero sólo le llegaron tres fotos más de Lucy para que viera cómo crecía cada mes.

Una madrugada tocaron el timbre, Ana y doña Regina se levantaron asustadas, pensando quién sería a esas horas. Ese día todo se volvió patas para arriba. Peter había muerto en combate; dos oficiales estaban ahí para darles tan terrible noticia. Ana se desmayó de la impresión. Cuando estuvo más compuesta, llamó a los padres de Peter, los cuales llegaron esa misma noche. Fue una sepultura muy triste y desgarradora para Ana y para los padres de Peter.

Doña Regina y Martha cuidaban a Lucy mientras Ana seguía con su duelo. Ella tenía que seguir adelante tras la pérdida de Peter. Ahora el amor de su vida la había dejado sola con Lucy, donde estaban los sueños que ambos tenían, donde sus aspiraciones, su futuro y todas las promesas que se habían hecho uno a otro, donde estaba Peter. Entre tanto llanto y desesperación, Ana gritaba sin ninguna explicación y sin ninguna respuesta que la hiciera tener un poco de paz y de consuelo; sólo la tristeza, el dolor y la incertidumbre la envolvían más en su tragedia. Así pasaron los días y las semanas.

Una mañana Lucy se despertó diciendo su primer palabra: "Ma-má... ma-má...". Ahí fue donde Ana reaccionó y entendió que tenía mucho más por lo que vivir y salir adelante: tenía a su madre, que la quería con todo su corazón; tenía a los padres de Peter, que la apoyaban y le daban fuerzas, y, sobre todo, tenía a Lucy, un pedazo que Peter le había dejado y era signo viviente del gran amor que vivieron, como si fuera una estrella fugaz. Con eso era más que suficiente para darle vuelta a la página. Ya había vivido su duelo, ya no tenía una lágrima más para seguir llorando. Ahora era tiempo de seguir luchando, enfrentarse a la vida y agradecer. Además, tenía al padre Emilio, que le daba mucho consuelo y mucha fortaleza. Estaría siempre al lado de su madre y de su hija, así que regresó a sus estudios para terminar el sueño que ella y Peter tenían.

Ya era primavera. En Las Camelias había un tremendo caos; había una gran fiesta. Lucy cumplía cinco años y Ana se graduaba como veterinaria después de tanto sacrificio. Doña Regina se encargó de la cocina y de las flores, como siempre lo hacía. Todo perfecto y delicioso. Ana le dio de regalo de cumpleaños a Lucy su diploma de graduación; gracias a ella había luchado y seguido adelante después de que Peter partiera al más allá.

Ambas se abrazaron y Lucy y le puso una camelia color rosa en su hermoso pelo negro, que le llegaba hasta la cintura y resaltaba su vestido color vino que llevaba para tan especial ocasión.

Ana empezó a trabajar en un hospital de emergencia. Don Raúl, amigo del padre Emilio, no se había equivocado en darle la oportunidad que ella tanto había anhelado. Ana atendía a los animales del pequeño pueblo. Era muy profesional en su trabajo, pero, sobre todo, tenía amor y respeto por cada uno de sus pacientes.

Un día Ana llegó a casa con un cachorro pastor alemán. Lucy le llamó Rocco. Además de inteligente, era muy travieso y juguetón: le mordía los zapatos a Lucy y descolgaba la ropa que Martha lavaba, sólo se oían los gritos de ella cuando recogía la ropa llena de tierra.

El verano estaba por comenzar. Los días favoritos de Lucy llegaban. Ella y su madre salían a recostarse en el techo de la casa. Ana le decía que eran dos iguanas tomando Sol. Meditaban en las mañanas o las tardes, cuando Ana llegaba de trabajar. Jugaba con ella a las muñecas, tomaban té y en las noches jugaban baraja y lotería con doña Regina. También las acompañaba Martha y su novio, Luis, que trabajaba con ellas, y de vez en cuando iba el padre Emilio. Los domingos iban las tres a la iglesia. Después de misa compraban donas. Ana recordaba mucho a su padre y le contaba a Lucy las anécdotas que habían pasado juntos.

Era el mes de enero, en pleno invierno, y, una de esas noches, Luna enfermo de cólico por tan bajas temperaturas. Todos estuvieron hasta la madrugada con ella, Ana, Lucy, doña Regina, Luis, Martha y hasta el padre Emilio. Acompañada de chocolate caliente con tamales de piña, Ana caminaba a Luna de un lado para otro y le daba agua tibia, a ver si se le pasaba el cólico, pero Luna sólo empeoraba. Le hizo un lavado de estómago con aceite y la inyectó para el dolor. Luna sólo se revolcaba. Su sudor era frío como el hielo y su respiración, cada vez más agitaba. Ana no tuvo otra opción más que decidir aplicarle la eutanasia, con todo el dolor de su corazón. Cargó dos jeringas: una era para relajarla y la otra para que Luna dejara de sufrir. Con llanto en los ojos y sobándole el cuello con el algodón, inyectó el tranquilizante mientras todos se acercaron para estar cerca y acariciar a Luna. Le agradecieron por todo lo que ella había traído a ese lugar: paz, tranquilidad, consuelo, alegría y, sobre todo, amor incondicional. Enseguida agarró la segunda jeringa. Las manos le temblaban; no sabía si era por el frío, por el miedo o por la culpa de lo que estaba a punto de hacer. Poco a poco empezó a administrarle la sustancia que le quitaría el sufrimiento para siempre. Cubrió la cara de Luna con su pañoleta color mostaza y ésta dio su último suspiro de vida. Le susurró una oración en su oído, le tocó el pulso de la yugular y se acostó encima de ella, con tremendos gritos de culpa y de dolor. Luna había dejado de sufrir. Lucy se había quedado dormida en los brazos de Martha, pero la despertaron los gritos que daba su madre ante la pérdida de Luna. Estaba muy pequeña y no podía entender lo que estaba pasando, sólo fue, se le acurrucó a su madre y a Luna y la llenó de besos para consolarla un poco.

Rocco no paraba de aullar, tal pareciera que sintió también la muerte de Luna. El padre Emilio les ayudó a tapar a Luna con una lona gruesa mientras amanecía, ya que, de dejarla así, los coyotes podían venir a comérsela y morir también.

Ana había cogido un resfriado días antes de que Luna muriera. Esa madrugada entró a la casa con una fiebre espantosa. Faltaban pocas horas para que amaneciera y doña Regina llamó de inmediato al Dr. Álvarez para que revisara a Ana, la cual no se veía nada bien. Los días, las noches, pasaban y doña Regina y Martha estaban al cuidado de Ana, con medicamentos, té caliente y buena alimentación, pero, por más intentos que se hicieron, ya era demasiado tarde. Ana tenía neumonía y agonizaba. Otra pérdida, otra tragedia, otro dolor para la pobre de doña

Regina. El padre Emilio no las dejó solas en ningún momento, estaba ahí, como siempre estuvo para Ana en sus cumpleaños, en sus graduaciones, en sus travesuras y ahora en su lecho de muerte.

El Dr. Álvarez salió de la habitación, dejando a Lucy y a doña Regina al lado de Ana, una por cada lado de la cama de roble donde Ana yacía. Lucy se cobijó entre sus brazos y la llenó de besos, diciéndole que cuando se aliviara iban a comprar otro caballo, que iban a subir al techo a tomar Sol, como las iguanas, que iban ir a misa y saliendo comprarían donas. En fin, Lucy no hallaba cómo animar a su madre para que se recuperara.

Ana le encargó a Lucy a su madre y le dijo que ella iba hacer todo lo que Lucy estaba diciendo. Esa noche comenzaba a llover. Sin pensar que la lluvia se llevaría el último suspiro de Ana, doña Regina salió de inmediato para llamarle al padre Emilio y a Martha. Lucy no quería soltar a su madre; tuvieron que quitársela a la fuerza. Martha salió de la habitación con Lucy en brazos, bajó las escaleras, le dio una sombrilla, le puso sus botas rojas de bolitas blancas que tanto le gustaban y se la llevó al jardín a cortar unas camelias para que se las llevara a su madre.

El Dr. Álvarez y el padre Emilio se encargaron de Ana y de su servicio fúnebre. Mientras tanto, doña Regina estaba cocinando como una loca, tal vez para saciar su dolor y la impotencia de que no pudo hacer nada por su hija. Pensaba en cómo Lucy, siendo tan chiquita, había quedado huérfana de padre y madre. Ahora estaban sólo ellas dos. Mientras asaba los chiles desgranaba las granadas y pelaba las nueces; los recuerdos la invadían y las lágrimas corrían por su afilada y perfecta cara. Toda la noche cocinó. La gente comenzó a llegar mientras se corría la voz en todo el pequeño pueblo.

Ana era muy querida en ese lugar. El padre Emilio no pudo oficiar la misa, así que llamó a otro sacerdote de otra parroquia para que lo hiciera; estaba desconsolado y no podía ni siquiera mantenerse en pie.

Ahora era doña Regina la que le daba ánimos y fortaleza al ver cómo un hombre alto, fornido y de muy buena complexión se derrumbaba ante los designios de Dios. Ahora él era el que preguntaba y gritaba enojado y lleno de dolor; confrontaba, retaba y se rebelaba contra Dios, preguntando por qué se había llevado a Ana, quien todavía tenía una vida por delante y una hija que sacar adelante, pero no tenía una respuesta clara, hasta que doña Regina le dio tremenda bofetada para calmarlo y hacerle ver que Dios estaba en todo su derecho de dar y de quitar la vida a quien Él quisiera, y que si esa era su voluntad, no tenían más que ser humildes. Sólo quedaba respetar y aceptar la pérdida de Ana. El padre sólo se arrodilló a pedirle perdón a Dios por todo lo que le dijo con tanto coraje y dolor. Se levantó apoyándose en el ataúd de Ana y dijo: "Todo estará bien y, en su lugar, nosotros enfrentaremos esto por Lucy".

El funeral fue muy triste. En la iglesia hablaron cosas hermosas de Ana, del poco tiempo que estuvo en el hospital y de cómo les pedía a los familiares de los animalitos que ya no tenían esperanza agradecerles por todo lo que habían hecho en sus vidas. Después les aplicaba la eutanasia, les tapaba su cara con los pañuelos que doña Regina le hacía con bellos bordados y terminados con tejidos de varios colores y siempre les susurraba una oración, como si fuera un rito a las almas de cada uno de sus pacientes.

Después del funeral de Ana, los padres de Peter decidieron llevarse a Lucy unos días lejos de Las Camelias. Le serviría para distraerla un poco.

Los días para Lucy eran mágicos al oír la música que tocaba su abuelo en el piano mientras ella y su abuela comían nieve de chocolate. Un día salieron a comer y de ahí pasaron a la tienda de música; su abuelo le dijo: "Piensa qué instrumento te gustaría tocar". Había todo tipo de instrumentos, pero Lucy se abalanzó sin pensar y escogió un violín blanco con cuerdas negras. Su abuelo se sorprendió y le dijo: "¿Estás segura de tu elección?". A lo cual Lucy brincó diciendo que sí con su dedo índice y una sonrisa angelical. Les dijo a los dos que tocaría bellas canciones para que sus padres la escucharan desde el cielo.

Lucy era una niña muy inteligente, fuerte y madura por lo que la vida le ponía enfrente. Además de ser hermosa, tenía mucho parecido a Ana, pero su pelo era claro como la miel y sus ojos azulados como los de Peter.

Ya llegaba la primavera. Lucy llegó con tremendo alboroto a Las Camelias; no se le entendía lo que decía de tantas cosas que tenía por contarle a su abuela, a quien tenía semanas sin ver.

Doña Regina contaba con muy buena actitud ante la muerte de Ana. Había llorado en su momento, como lo hizo con don Salvador, pero ahora era tiempo de sonreír y ver un nuevo comienzo y una nueva vida para Lucy y para ella sin su queridísima Ana. La fe implacable que tenía la confortaba y no se autocompadecía por su pérdida y su situación; era el ejemplo vivo para que Lucy fuera fuerte ante la vida. Esas cosas siempre hay que esperarlas de la vida; la muerte está siempre a la par de cualquiera, ella decía, y no debemos temerle.

Cuando Lucy le preguntaba dónde estaba su madre, doña Regina le decía que volaba en forma de mariposa entre todas las camelias del jardín y que siempre estaría con ellas.

Los días pasaban y Lucy, cada vez que veía volar una mariposa cercas, corría a agarrar su violín; le daba unos sonidos atroces y hasta las cuerdas rompía, gritando: "Mami, te voy a tocar una canción con mi violín".

Cada mañana le daba un beso a la fotografía de sus padres que estaba en la entrada de la casa, junto a un florero lleno de camelias que su abuela y ella ponían los domingos antes de irse a misa. También se despedía de ellos cada vez que cruzaba la puerta, ya sea para irse a la escuela, a la iglesia o salir de viaje a visitar a sus abuelos paternos.

Cuando Lucy cumplió nueve años llegó don Raúl con tremenda sorpresa, un regalo que doña Regina le tenía a Lucy: Condesa, una yegua blanca llena de pecas por todo el cuerpo. Y eso no era todo, Condesa iba a tener cría, cosa que Lucy no podía creer. Estaba vuelta loca y no paraba de hablar de tanta alegría. Doña Regina sólo la miraba y sonreía de ver la felicidad que Lucy expresaba.

Llegó el invierno; fue uno de los peores habidos y por haber, era de madrugada. Doña Regina deambulaba de un lado a otro y todavía no amanecía cuando salió don Raúl del establo, avisándoles: "Fue un parto muy difícil, pero Condesa se ha ido. Hice todo lo posible para que los dos se salvaran, así que tuve que decidir por uno de los dos". Había nacido un grande y hermoso potrillo color blanco como la nieve. Lo envolvieron rápidamente en una cobija de lana para protegerlo del frío y en eso apareció Lucy, saltando de alegría, diciéndole a doña Regina que si ya había nacido y qué había sido, porque ella desde hace mucho le tenía un nombre. Doña Regina le dijo: "Ve a verlo. Es un potrillo, pero su mamá se fue con la tuya". Su semblante cambió de inmediato. Fue hasta donde estaba el pequeño potrillo y le dijo: "Ahora somos dos, pero no te preocupes, la abuela será también tu mamá. Ya verás que nos cuidará muy bien". Lucy abrazó a Condesa y le dio las gracias, diciéndole: "Gracias por tu bebé, gracias por dejarlo con nosotras". Le tapó la cara como Ana lo hacía, le dijo que ella lo cuidaría, le susurró una pequeña oración en su oreja y abrazó tiernamente al nuevo potrillo. Doña Regina, para consolarla, le preguntó: "¿Y cuál es el nombre que le tienes?". Ésta le contestó: "Se llamará Neptuno, como el planeta". Así fue como Lucy le dio nombre a esta pequeña creatura.

Lucy y Martha pasaban largas horas alimentando a Neptuno. Lucy se ponía a tocar su violín, el cual Neptuno disfrutaba dentro de su más grande ser; así pasaron los días y los meses. Ya entre ellos se podía ver que su energía fluía al mismo nivel, además, tenían muchas cosas en común: ambos no tenían padres, pero compartían a la misma madre, y amaban la música. Lucy y Martha se ocupaban todo el tiempo de él; jugaban con Rocco y con Neptuno mientras doña Regina se ocupaba en los que haceres de la casa y en llevar y traer a Lucy a la escuela; también le ayudaba al padre Emilio en lo que ocupara en la iglesia. Por las noches ayudaba a Lucy hacer la tarea, jugaban lotería, daban una rezadita por sus seres queridos y, por último, le preparaba leche tibia con canela y miel para que conciliara el sueño.

Un domingo, mientras Lucy y doña Regina regresaban de misa de medio día, doña Regina se sintió muy mal; le faltaba la respiración y se apretaba el pecho. Lucy aventó su dona por la cera de la banqueta para poder ayudar a su abuela a sostenerse. Con mucho cuidado la llevaron a casa, gracias a la ayuda de Luis y Martha, quienes estaban cercas y pudieron oír los gritos de Lucy. Llamaron al Dr. Álvarez para que revisara a doña Regina. No hubo buenas noticias. Ella padecía del corazón y sus días al parecer estaban contados, así que antes de que sucediera lo peor, doña Regina mandó llamar al padre Emilio para que le ayudara a arreglar todo y dejara en buenas manos a Lucy y a Neptuno. Mandó a Luis a hablarle a don Ramiro Ruelas, dueño de la hacienda Sol de oro, para que fuera a ver a Neptuno, y cuál fue su sorpresa cuando lo miro, pues dijo: "Me lo llevo. Mañana a primera hora mandaré por él". Le dejó una muy buena cantidad de dinero porque sabía lo que Neptuno valía en realidad.

Doña Regina se despidió esa noche de Neptuno; le dijo y le volvió a repetir: "Recuerda siempre, Neptuno, que eres un ser muy especial. Tus habilidades son mucho más avanzadas que las de un caballo ordinario, así que aprovéchalas y no desistas de la vida porque en el camino siempre encontrarás el amor". Lo mismo le dijo a Lucy y le hizo prometer que algún día buscaría, recuperaría a

Neptuno, lo cuidaría y estaría con él hasta el final.

Lucy tocó su violín toda la noche para despedirse de Neptuno. Martha la acompañó hasta a la mañana siguiente que llegaron por él. Así fue como Neptuno perdió a su segunda madre y a Lucy, quien corría detrás de él, gritando, mientras lo remolcaba don Ramiro en su elegante tráiler. Ese mismo día, doña Regina llevó a Lucy con los padres de Peter, y a los pocos días doña Regina tomó otro viaje para nunca más volver a ver a sus seres amados.

El padre Emilio, Martha y Luis se encargaron del funeral de doña Regina. Ella dejó todo preparado para su propio funeral, desde su ataúd, su ropa y su misa. No quiso que Lucy la viera en su agonía, por eso decidió llevarla antes de que todo esto pasara. La enterraron junto con su amada Ana, como ella lo dispuso.

Así fue como Neptuno salió de Las Camelias y llegó a la hacienda Sol de oro. Éste pensó que encontraría personas llenas de amor, como doña Regina y como Lucy, pero fue todo lo contrario.

Don Ramiro era un ser frívolo que sólo deseaba hacerse más rico de lo que ya era; esto no le importaba a Neptuno y él hacia todos los entrenamientos que le ponían, pensando siempre en que un día encontraría de nuevo el amor en el camino de la vida, como doña Regina le dijo el día en que dejó Las Camelias. Así pasaron los días y los meses.

Neptuno empezaba a competir y ganar sus primeras carreras, y empezó rápidamente a crecer su nombre y su fama. Estaba rodeado siempre de una multitud de fotógrafos, entrenadores y fanáticos, siempre con premios, halagos y atenciones, pero después de cada carrera lo encerraban, sintiéndose más solo que nunca.

Lucy seguía creciendo y sus abuelos la internaron en una escuela donde aprendía cada día más a tocar el violín; era ya una de las mejores. Faltaba ya tan poco para ir en busca de Neptuno, pensaba con gran entusiasmo.

Los días corrían como las noticias y todos se preparaban para el gran acontecimiento. Neptuno había subido como la espuma; estaba ahí como el gigante de hielo que era ya, pues competiría en la última carrera y de ahí se iría directo a Kentucky Derby, donde sólo llegaban muy pocos, sólo los grandes y más especiales, como Neptuno. Todos esperaban ansiosos en la arena. Las bestias sonaban las puertas queriendo libertad, los noticieros aguardaban para lo que se iba a presenciar en ese lugar, las fanfarrias sonaron y se abrieron las puertas de todos los participantes. Neptuno salió a todo galope, como era costumbre. Carlos, su jinete, le daba mucha confianza en todas las carreras y portaba un elegante traje azul turquesa con un Sol de oro bordado en la espalda. Él y Neptuno siempre destacaban entre todos los participantes.

Neptuno arrebozaba a cada uno de sus contrincantes. Se estaba cerrando la carrera; la arena se cortaba con la patas de cada uno de ellos, como si fueran espadas. Don Ramiro ya celebraba su triunfo, se imaginaba contando su dinero y brindando en el Kentucky Derby, pero no fue así... Neptuno dio un mal paso en la arena, que estaba húmeda por las recientes lluvias, y cayó como el gigante de hielo que era. Todo quedó en silencio y grabado frente a los ojos de cientos de espectadores. Esa sería la última carrera que Neptuno tendría en su vida, quien inconsciente escuchaba una lejana voz que le decía: "Neptuno, nunca te rindas, recuerda que el camino de la vida te llevará a encontrar nuevamente el amor y la felicidad". En eso despertó con un insoportable dolor en la pata trasera; tenía una gran venda en ella. Trató de levantarse, pero su pata no pudo sostener semejante y corpulenta figura.

Don Ramiro Ruelas estaba hecho una furia porque Neptuno había perdido la carrera cuando le faltaban segundos para llegar a la meta final y, sobre todo, por la cantidad de dinero que había perdido en las apuestas; le importaba más eso que la salud y el bienestar de Neptuno.

Carlos nunca dejó a Neptuno solo, a pesar de la tremenda caída que se había dado también, y le dijo: "No te preocupes, mi gigante. Todo va a estar bien, te lo prometo. No voy a dejar que nadie te haga daño, como a todos los que pasan por aquí".

Don Ramiro estaba con el veterinario de Neptuno, quien le dio la trágica noticia de que Neptuno tendría que ser sacrificado y no volvería jamás a pisar una pista de carreras. Fue tanta su furia que sacó su revolver y le apuntó en la cabeza. En eso, Carlos le quitó la pistola, diciéndole: "Váyase a descansar, don Ramiro. Yo me encargaré de él". Cuando don Ramiro iba saliendo del lugar, Carlos tomó la pistola y se alcanzó a oír el impacto del disparo que salió de la pistola de don Ramiro.

Las intenciones de Carlos eran otras. Ambos viajaron mientras Neptuno iba totalmente sedado con los medicamentos para el dolor. Manejó varias horas, pensando que Neptuno merecía otra oportunidad y que ese no sería su destino final.

Carlos por fin llegó a La esperanza, con su hermano Javier, para decirle que le llevaba un regalo muy especial y que esperaba que lo aceptara con gusto, ya que necesitaría mucha atención y cuidados.

Las cosas no estaban bien. Él y su esposa, Eva, pasaban por momentos difíciles; estaban muy afligidos y llenos de tristeza por la pérdida de su bebé, quien nacería en esas fechas. Ambos caminaron con curiosidad y cuando abrieron la puerta de la traílla que llevaba a Neptuno quedaron hechizados por su gran hermosura y su enorme tamaño. Con mucho cuidado lo llevaron al granero, que sólo tenía tres costales de comida para gallinas. Eva y Javier comenzaron a cuidarlo, día y noche se la pasaban en vela, pero Neptuno no mejoraba, había perdido el apetito y, sobre todo, las ganas de vivir y seguir adelante.

Una mañana llegó Javier con un regalo para Eva por motivo de su cumpleaños. Ella estaba tratando de darle de comer a Neptuno, pero siempre era inútil. Javier la abrazó y la besó, diciéndole: "Feliz cumpleaños, querida". Le dio un regalo que llevaba un moño enorme color rosa. Ella rompió ansiosamente el papel floreado. "Un radio", dijo entusiasmada. Lo puso sobre la mesa, lo prendió y puso una estación en la que sonaba una linda melodía. Era Lucy. Neptuno relinchó y paró las orejas; para él sonaba muy familiar esa melodía. Pronto retrocedió su mente y recordó que era la canción que Lucy le tocaba con su violín cuando era niña, una melodía que siempre era especial para él, así que, como pudo, se puso en pie y empezó a dar pequeños bocados de granos que Eva le había preparado minutos antes. Eva empezó a sollozar, diciéndole: "Neptuno, ese es el mejor regalo de cumpleaños que me has dado". Se acercó a él y le dio un beso en su enorme cabeza. Así empezó la recuperación del gigante de hielo.

Eva le prendía la radio todos los días y las canciones de Lucy seguían tocando en la estación. Eva no imaginaba lo que significaba para Neptuno oír a Lucy, pero, para él, eran la mejor medicina para su recuperación y motivación. Él no sólo volvía a vivir, sino que renacía de nuevo. La esperanza llegó de nuevo; sabía que encontraría en el camino la felicidad y el amor del cual doña Regina siempre le hablaba.

Cada día, Neptuno se deleitaba con la música de Lucy. Ya no caminaba, sino que trotaba y hasta parecía que volaba por el aire. Eva y Javier estaban sorprendidos de su gran recuperación, pero lo que más les sorprendía era que la música de esa violinista estuviera sanando a Neptuno, como un milagro divino.

Lucy por fin llegó ansiosamente a Las Camelias. El padre Emilio, Martha, Luis y su amiga Blanca la esperaban ansiosamente y le dieron las noticas: los coyotes se habían comido a Simón, el gato. A Rocco se lo había llevado el Dr. Álvarez y Whisky estaba en la casa de la iglesia con el padre Emilio. Martha le había preparado su guiso favorito, frijoles refritos, chilaquiles verdes y un pedazo de cecina. Lucy sollozó recordando a su madre y a su abuela. Después de comer se fueron al cementerio a dejarles unas camelias. Lucy les comentó que iría a buscar a don Ramiro para recuperar a Neptuno; todo sería como cuando su abuela vivía. Les ofreció a Martha y a Luis regresar, sin imaginar lo en verdad sucedería.

A la mañana siguiente llegó Lucy a la hacienda Sol de oro, lo cual tomó por sorpresa a don Raúl. Él le comentó de la fama y la fortuna que había hecho gracias a Neptuno, pero que un fatal accidente había terminado con él en su última carrera, así que tuvieron que sacrificarlo. Lucy no pudo contenerse y se le echó encima con coraje, gritándole que era un ser mezquino, repudiable y sin corazón. ¿Cómo pudieron haberle hecho eso a Neptuno?, ¿cómo había terminado con la vida de tan hermoso ser? Llegó a Las Camelias con el corazón hecho mil pedazos y todavía sollozando por Neptuno. A la mañana siguiente se despidió de Martha y de Luis y se fue a una gira que duraría meses.

En sus melodías siempre dejaba todo su dolor, dedicándoselas a sus seres amados, pero en especial a Neptuno. No pudo cumplirle a él ni a su abuela la promesa de que estaría con él hasta el final. Mientras tanto, en la hacienda La esperanza, la salud física, mental y espiritual de Neptuno estaban completamente recuperadas.

Lucy nunca se imaginó que su música había sido la mejor medicina para la recuperación de Neptuno, pero mucho menos que él seguía con vida.

Poco a poco, Eva comenzó a cabalgar a Neptuno. Éste se dejaba querer y mimar por ella y por Javier; ellos lo amaban como el hijo que nunca pudieron tener en sus brazos. Neptuno les había traído alegría y plenitud a sus vidas. Neptuno por fin había encontrado la felicidad y el amor del que hablaba doña Regina: tenía dos seres especiales que lo amaban sin conveniencia, sin condiciones; había encontrado unos padres en el camino de la vida y ahora era parte de esa pequeña familia.

Eva y Neptuno se hicieron inseparables; salían a cabalgar y Thalía, la perra, siempre los acompañaba. Así pasaron los días y los años.

Eva todas las tardes prendía el radio viejo que todavía reproducía las melodías de Lucy, mientras tanto, bañaba y cepillaba a Neptuno. Javier, por su parte, no había día en que no los llenara de regalos: zanahorias, manzanas y molasas para Neptuno, y para Eva preciosas piedras, plumas y flores silvestres que encontraba en el camino. Mientras tanto, Lucy seguía de gira en gira por el mundo, tratando de olvidar su vida y la vida que se había imaginado a su regreso.

Lucy visitaba a sus abuelos y a Blanca y después se pasaba unos días en el rancho Las Camelias con Martha, Luis y sus dos hijos.

Un día, mientras Eva cabalgaba a Neptuno, éste empezó a cojear de la misma pata que hace años se había lesionado en su última carrera. Con mucha dificultad llegaron a La esperanza y Eva rápidamente llamó al veterinario de Neptuno. La recepcionista le dijo que el Dr. Bernabé no se encontraba en el pueblo, pero que estaba otro veterinario a cargo de la clínica para cubrir lo que se pudiera presentar en su ausencia. Eva le dijo que tenía una emergencia, que le urgía que fuera al rancho de La esperanza.

Enseguida llegó el veterinario, y no era nada más y nada menos que don Raúl. Cuál va siendo la gran sorpresa que se llevó cuando lo miró: después de más de quince años, Neptuno seguía igual de hermoso que cuando él mismo atendió el parto de Condesa, su madre. Pero, sobre todo, se sorprendió de encontrarlo después de tantos años en un lugar muy lejano de donde él había nacido. Enseguida preguntó cómo llegó a ese lugar, luego les contó a Eva y Javier quién fue la madre de Neptuno y en qué tristes circunstancias se había separado de doña Regina y Lucy.

Eva y Javier quedaron sorprendidos por la historia de Neptuno que les estaba contando don Raúl, pues parecía que estaba hablando de otro caballo muy diferente al que ellos tenían.

Después de revisar a Neptuno, y sin darles todavía un resultado claro, le mandó hacer unos estudios para descartar lo que sus ojos veían en su pata, así que a la mañana siguiente llegó con muy trágicas noticias para Eva y Javier.

La caída de Neptuno había tenido graves consecuencias con el pasar de los años: su pata derecha había contraído un cáncer terminal. No se podía hacer nada, ni siquiera se contaba con amputar la pierna, sólo quedaba una cosa: sacrificarlo, porque sólo estaba sufriendo con los terribles dolores que ya empezaba a provocarle la maldita enfermedad.

Neptuno empezó a empeorar cada día; ya no pudo caminar y poco a poco empezó a dejar de comer. Por más luchas y cuidados que le daban, ellos sabían que ya no mejoraría, así que tenían que tomar la trágica decisión lo más pronto posible para que dejara de sufrir.

Carlos llegó en cuanto se enteró de lo sucedido para acompañar a Eva y a Javier. Ahora no había manera de que pudiera salvarlo nuevamente, pero le quedaba la gran satisfacción de que, todos estos años, Neptuno había tenido una calidad de vida que cualquier caballo hubiera deseado.

Enseguida, don Raúl fue personalmente a buscar a Lucy para darle la noticia de que Neptuno seguía vivo, pero que agonizaba y tenía que ir a despedirse de él.

Lucy no podía creer lo que don Raúl le estaba diciendo, era más que un milagro que se esfumaba conforme el reloj caminaba. No tenía más tiempo que perder, pensaba, así como, en todos estos años, en cómo es que Neptuno seguía vivo.

Lucy salió rápidamente de su camerino, dejando el escenario con una multitud de personas que esperaban con ansias verla, llevándose sólo su violín. Subió al carro de don Raúl, fuera de aquel lujoso lugar. Avisó rápidamente a Martha y a Luis, quienes le avisaron de inmediato al padre Emilio, y la alcanzaron en La esperanza.

Neptuno agonizaba en el granero, al lado de Eva y de Javier, cuando de repente escuchó la melodía de Lucy. Con mucho trabajo y dolor enderezó su largo y peludo cuello para mirar el radio viejo que tocaba tal melodía, pero no era la radio, era Lucy, que estaba a la par de él, quien sollozaba tocando su violín. Los recuerdos le daban vueltas por su cabeza; pensó en cómo el destino los había separado cruelmente, después los unió y ahora les ofrecía la última oportunidad para cumplir una promesa.

Poco a poco la vida del gigante de hielo se derritió en la mágica melodía que Lucy le tocaba con su violín.

Don Raúl levantó su mano para que se acercaran Eva y Javier y se despidieran de Neptuno, para que le dieran las gracias por el amor incondicional y la felicidad que había traído a sus vidas. Martha, Luis y el padre Emilio los acompañaban.

Lucy se quitó su pañoleta con estampados de mariposas que traía en su cuello y cubrió la cara de Neptuno. Le susurró una pequeña oración en su oreja, como su madre le había enseñado: "Por amor, respeto y dignidad vuela alto, que el Universo te reclama. Gracias por tu vida, por tus enseñanzas y por la felicidad que trajiste a mi vida". Y así la vida de Neptuno se fugó entre el viento que soplaba y la melodía que Lucy tocaba.

Yo conocí a Neptuno, era un ser muy especial a quien le dedico esta historia, en su honor, de lo que fue su principio y su final.

También se la dedico a todos los gigantes, como él, que han sacrificado en tan crueles carreras, todo por deporte y por ambición.

También se la dedico a Eva y a Javier, a quien se les desgarró el corazón de tanto dolor por haber perdido a su segundo hijo.

Todos los amigos de Neptuno estuvieron ahí y le lloraron esa tarde, incluyéndome a mí. Sus recuerdos estarán por siempre en los corazones de quienes lo conocieron y de quienes en verdad lo amaron, sin condiciones.

A través de los años, Eva y Javier aún adornan el baúl donde están sus cenizas con flores, fotografías y la larga trenza de la cola blanca de lo que un día fue: Neptuno, el Gigante de Hielo.

En esta vida siempre habrá perdidas, tal vez un ser querido, una casa, un trabajo o una amistad, pero siempre recuerda que el camino de la vida es largo, sólo dale una oportunidad y en él encontrarás de nuevo el amor de una forma muy diferente, sólo ten fe y esperanza de que un buen día llegará; mientras tanto, disfruta el viaje.

El pasado ya se fue, el futuro no existe; ama, vive y disfruta tu presente.

Por: Irma Bernabe